THE SELF-DISMEMBERED MAN

WESLEYAN POETRY SERIES

Selected Later Poems of Guillaume Apollinaire

THE
SELF-DISMEMBERED
MAN

translated by Donald Revell

Wesleyan University Press

Middletown, Connecticut

Published by Wesleyan University Press, Middletown, CT 06459
Printed in the United States of America
5 4 3 2 1

Library of Congress Cataloging-in-Publication Data
Apollinaire, Guillaume, 1880–1918.
[Poems. English & French. Selections]
The self-dismembered man : selected later poems of Guillame
Apollinaire / translated by Donald Revell.
    p. cm.—(Wesleyan poetry)
English and French on opposite pages.
ISBN 0–8195–6690–X (cloth : alk. paper)—ISBN 0–8195–6691–8
(pbk. : alk. paper)
I. Title. II. Series.
PQ2601.P6A27 2004
841′.912—dc22   2003026214

The translator wishes to thank the University of Utah for a Faculty
Research Fellowship, which was of great help in the making of
these versions.
    I also wish to thank the editors of the following journals, which
first published some of these versions:

American Poetry Review

Denver Quarterly

Electronic Poetry Review

Volt

CONTENTS

THE SELF-DISMEMBERED MAN

Les Collines

Au-dessus de Paris un jour
Combattaient deux grands avions
L'un était rouge et l'autre noir
Tandis qu'au zénith flamboyait
L'éternel avion solaire

*

L'un était toute ma jeunesse
Et l'autre c'était l'avenir
Ils se combattaient avec rage
Ainsi fit contre Lucifer
L'Archange aux ailes radieuses

*

Ainsi le calcul au problème
Ainsi la nuit contre le jour
Ainsi attaque ce que j'aime
Mon amour ainsi l'ouragan
Déracine l'arbre qui crie

*

Mais vois quelle douceur partout
Paris comme une jeune fille
S'éveille langoureusement
Secoue sa longue chevelure
Et chante sa belle chanson

*

The Hills

One day in the sky over Paris
Two great airplanes made war
One was red and the other was black
And still higher at the zenith flamed
Eternity's sunshine

*

The one was my entire youth
The other was the future
They made war furiously
Same as the radiant archangel
Struggled with Lucifer

*

So calculus hates the problem
So night hates day
So my loving batters my love
So hurricane
Uproots the screaming tree

*

But look at the sweetness
Paris like a girl
Awakens languidly
And shaking her long long hair
She begins to sing

*

Où donc est tombée ma jeunesse
Tu vois que flambe l'avenir
Sache que je parle aujourd'hui
Pour annoncer au monde entier
Qu'enfin est né l'art de prédire

*

Certains hommes sont des collines
Qui s'élèvent d'entre les hommes
Et voient au loin tout l'avenir
Mieux que s'il était le présent
Plus net que s'il était passé

*

Ornement des temps et des routes
Passe et dure sans t'arrêter
Laissons sibiler les serpents
En vain contre le vent du sud
Les Psylles et l'onde ont péri

*

Ordre des temps si les machines
Se prenaient enfin à penser
Sur les plages de pierreries
Des vagues d'or se briseraient
L'écume serait mère encore

*

4

My youth was shot out of the sky
Now see how the future burns
Hear me
Announcing to the whole world
The birth of prophecy

*

Certain men are hills
Rising above humanity
And to these men the future
Seems nearer than the present
And cleaner than the past

*

Ornaments of roads and weather
Lead on to everlasting
Let the snake hiss
Vainly against the south wind
The snake charmers are dust

*

A sign of the times
When machines begin to think
Solid gold sea-waves
Break against jeweled beaches
Sea-foam mothers us once again

*

Moins haut que l'homme vont les aigles
C'est lui qui fait la joie des mers
Comme il dissipe dans les airs
L'ombre et les spleens vertigineux
Par où l'esprit rejoint le songe

*

Voici le temps de la magie
Il s'en revient attendez-vous
A des milliards de prodiges
Qui n'ont fait naître aucune fable
Nul les ayant imaginés

*

Profondeurs de la conscience
On vous explorera demain
Et qui sait quels êtres vivants
Seront tirés de ces abîmes
Avec des univers entiers

*

Voici s'élever des prophètes
Comme au loin des collines bleues
Ils sauront des choses précises
Comme croient savoir les savants
Et nous transporteront partout

*

Man flies higher than eagles
Man pleasures the oceans
Man dispels
Shadows and spleen
His dream is real

*

Now is the time of magic
See they return
Billions of prodigies
Fathers to no fables
And unimaginable

*

Tomorrow explores
Deep consciousness
And tomorrow new beasts
Whole universes
Will be torn from it living

*

New prophets arise
Like blue hills at the horizon
They will knows things exactly
Beyond the scientists
They will take us everywhere

*

La grande force est le désir
Et viens que je te baise au front
O légère comme une flamme
Dont tu as toute la souffrance
Toute l'ardeur et tout l'éclat

*

L'âge en vient on étudiera
Tout ce que c'est que de souffrir
Ce ne sera pas du courage
Ni même du renoncement
Ni tout ce que nous pouvons faire

*

On cherchera dans l'homme même
Beaucoup plus qu'on n'y a cherché
On scrutera sa volonté
Et quelle force naîtra d'elle
Sans machine et sans instrument

*

Les secourables mânes errent
Se compénétrant parmi nous
Depuis les temps qui nous rejoignent
Rien n'y finit rien n'y commence
Regarde la bague à ton doigt

*

Desire is the sovereign force
Come here and be kissed
Agile little fire
Little pain bird
All ardor and scandal

*

We shall be scholars of real pain
In a golden age of suffering
Nothing to do with courage
Nothing to do with sacrifice
Nothing to do at all

*

We shall require from man
More than ever was required
We shall test his will
And the power of it
Naked and unaided

*

Kindly gods haunt us
They walk beside us
In times that overwhelm us
Nothing ends nothing begins
If you don't believe me just look at the ring on your finger

*

Temps des déserts des carrefours
Temps des places et des collines
Je viens ici faire des tours
Où joue son rôle un talisman
Mort et plus subtil que la vie

                    *

Je me suis enfin détaché
De toutes choses naturelles
Je peux mourir mais non pécher
Et ce qu'on n'a jamais touché
Je l'ai touché je l'ai palpé

                    *

Et j'ai scruté tout ce que nul
Ne peut en rien imaginer
Et j'ai soupesé maintes fois
Même la vie impondérable
Je peux mourir en souriant

                    *

Bien souvent j'ai plané si haut
Si haut qu'adieu toutes les choses
Les étrangetés les fantômes
Et je ne veux plus admirer
Ce garçon qui mime l'effroi

                    *

Times of desert and crossroad
Time of hill and plaza
I'm here to play tricks
I'm using a talisman
A corpse more subtle than anything alive

*

I am the self-dismembered man
Denatured detached
Capable of death incapable of sin
And what no one has ever touched
I have touched intimately

*

I have tasted what no one
Could possibly imagine
I have measured numberless
Unthinkable lives
I can die smiling

*

I have flown so high so often
Adieu everything
Paranormals and phantoms
I have no mind left to marvel
At child's play

*

Jeunesse adieu jasmin du temps
J'ai respiré ton frais parfum
A Rome sur les chars fleuris
Chargés de masques de guirlandes
Et des grelots du carnaval

*

Adieu jeunesse blanc Noël
Quand la vie n'était qu'une étoile
Dont je contemplais le reflet
Dans la mer Méditerranée
Plus nacrée que les météores

*

Duvetée comme un nid d'archanges
Ou la guirlande des nuages
Et plus lustrée que les halos
Émanations et splendeurs
Unique douceur harmonies

*

Je m'arrête pour regarder
Sur la pelouse incandescente
Un serpent erre c'est moi-même
Qui suis la flûte dont je joue
Et le fouet qui châtie les autres

*

Goodbye youth
Jasmine of time I breathed
On Roman flower wagons
Carrying masks and garlands
And carnival bells

*

Goodbye youth Christmas
One star all alone
I prayed to its reflection
On the surface of the sea
Where it seemed more pearly than meteors

*

Downy as an archangel's nest
Or cloud wreath
More lustrous than halos
Emanations and splendors
Unique sweetness harmonies

*

On the incandescent lawn
I stop to watch
The snake of me
And the flute I play
And the scourge I use

*

Il vient un temps pour la souffrance
Il vient un temps pour la bonté
Jeunesse adieu voici le temps
Où l'on connaîtra l'avenir
Sans mourir de sa connaissance

*

C'est le temps de la grâce ardente
La volonté seule agira
Sept ans d'incroyables épreuves
L'homme se divinisera
Plus pur plus vif et plus savant

*

Il découvrira d'autres mondes
L'esprit languit comme les fleurs
Dont naissent les fruits savoureux
Que nous regarderons mûrir
Sur la colline ensoleillée

*

Je dis ce qu'est au vrai la vie
Seul je pouvais chanter ainsi
Mes chants tombent comme des graines
Taisez-vous tous vous qui chantez
Ne mêlez pas l'ivraie au blé

*

There will be time for suffering
There will be time for kindness
Goodbye youth soon now
We'll know the future
And no harm done

*

It will be a time of avid grace
Fire refining human will
Seven years incredible labor
And then godhood
Pure increase and pure knowledge

*

Man will find more worlds
The spirit wilts like a flower
Giving way to sweet fruit
Ripening in no hurry
On sunny hillsides

*

I tell you what life is truly
Only I could tell you
My songs fall like scattered seeds
Tell the other poets to give up
They are chaff I am wheat

*

Un vaisseau s'en vint dans le port
Un grand navire pavoisé
Mais nous n'y trouvâmes personne
Qu'une femme belle et vermeille
Elle y gisait assassinée

*

Une autre fois je mendiais
L'on ne me donna qu'une flamme
Dont je fus brûlé jusqu'aux lèvres
Et je ne pus dire merci
Torche que rien ne peut éteindre

*

Où donc es-tu ô mon ami
Qui rentrais si bien en toi-même
Qu'un abîme seul est resté
Où je me suis jeté moi-même
Jusqu'aux profondeurs incolores

*

Et j'entends revenir mes pas
Le long des sentiers que personne
N'a parcourus j'entends mes pas
A toute heure ils passent là-bas
Lents ou pressés ils vont ou viennent

*

A ship entered port
An enormous flagship
There was no one aboard her
But later on the deck we found
A lovely crimson murdered woman

*

A while ago I begged
I was given nothing but fire
I was burned to the lips
I couldn't even say thanks
Nothing could extinguish me

*

Where are you now my friend
Withdrawn into yourself so far
Only an abyss remains
Where I've thrown myself
Down to colorless depths

*

I hear my steps returning
Along the path where none
Ever passed I hear my steps
Passing at all hours
Slow or hurrying they come and they go

*

Hiver toi qui te fais la barbe
Il neige et je suis malheureux
J'ai traversé le ciel splendide
Où la vie est une musique
Le sol est trop blanc pour mes yeux

*

Habituez-vous comme moi
A ces prodiges que j'annonce
A la bonté qui va régner
A la souffrance que j'endure
Et vous connaîtrez l'avenir

*

C'est de souffrance et de bonté
Que sera faite la beauté
Plus parfaite que n'était celle
Qui venait des proportions
Il neige et je brûle et je tremble

*

Maintenant je suis à ma table
J'écris ce que j'ai ressenti
Et ce que j'ai chanté là-haut
Un arbre élancé que balance
Le vent dont les cheveux s'envolent

*

Winter while you're shaving
It snows and I'm miserable
I've crossed the bright sky
Where life is a song the ground
Is far too white for my eyes

*

You must accept as I've accepted
These prodigies I announce to you
And the kindness that will govern us
And the suffering I endure
To show you the future

*

Beauty will be made
Of suffering and kindness
And it will be a more perfect beauty
Than ever arose from symmetry
It snows and I burn and I tremble

*

Sitting at my table now
I write what I've felt
And what I sang up there
A slim tree swaying
In the wind and my hair streaming

*

Un chapeau haut de forme est sur
Une table chargée de fruits
Les gants sont morts près d'une pomme
Une dame se tord le cou
Auprès d'un monsieur qui s'avale

*

Le bal tournoie au fond du temps
J'ai tué le beau chef d'orchestre
Et je pèle pour mes amis
L'orange dont la saveur est
Un merveilleux feu d'artifice

*

Tous sont morts le maître d'hôtel
Leur verse un champagne irréel
Qui mousse comme un escargot
Ou comme un cerveau de poète
Tandis que chantait une rose

*

L'esclave tient une épée nue
Semblable aux sources et aux fleuves
Et chaque fois qu'elle s'abaisse
Un univers est éventré
Dont il sort des mondes nouveaux

*

A top hat rests
On a table groaning with fruit
The gloves are dead beside an apple
A grand lady chokes herself
Beside a man who swallows himself

*

The ballroom spins in eternity
Where I've killed the bandleader
And for my friends now I peel
An orange whose flavor
Is a fireworks display

*

Everyone's dead and the maitre d'
Pours them unreal champagne
It foams like a snail
Or like a poet's brain
A white rose singing all the while

*

A slave grabs a naked sword
It looks like fountains and rivers
Every time he lowers it
A universe is disemboweled
And new worlds arise

*

Le chauffeur se tient au volant
Et chaque fois que sur la route
Il corne en passant le tournant
Il paraît à perte de vue
Un univers encore vierge

*

Et le tiers nombre c'est la dame
Elle monte dans l'ascenseur
Elle monte monte toujours
Et la lumière se déploie
Et ces clartés la transfigurent

*

Mais ce sont de petits secrets
Il en est d'autres plus profonds
Qui se dévoileront bientôt
Et feront de vous cent morceaux
A la pensée toujours unique

*

Mais pleure pleure et repleurons
Et soit que la lune soit pleine
Ou soit qu'elle n'ait qu'un croissant
Ah! Pleure pleure et repleurons
Nous avons tant ri au soleil

*

The chauffeur grabs the steering wheel
He honks his horn at every turning
On the horizon
In the street around the corner
He sees a virgin universe

*

And number three is a grand lady
Going up in the elevator
She keeps going up and up
And the light spreads out
And the brightness transfigures her

*

But these are small secrets
There are others much deeper ones
Soon to be unveiled
And they will cut you to pieces
With a common thought

*

Weep weep and weep again
And may the moon wax full
Or shrink to a sliver
Ah! Weep weep and weep again
We have laughed for such a long time in the sun

*

Des bras d'or supportent la vie
Pénétrez le secret doré
Tout n'est qu'une flamme rapide
Que fleurit la rose adorable
Et d'où monte un parfum exquis

Golden arms sustain us
Grasp if you can the golden secret
That everything is only fire
Flourishing a rose
And giving off an exquisite perfume

Les Fenêtres

Du rouge au vert tout le jaune se meurt
Quand chantent les aras dans les forêts natales
Abatis de pihis
Il y a un poème à faire sur l'oiseau qui n'a qu'une aile
Nous l'enverrons en message téléphonique
Traumatisme géant
Il fait couler les yeux
Voilà une jolie jeune fille parmi les jeunes Turinaises
Le pauvre jeune homme se mouchait dans sa cravate blanche
Tu soulèveras le rideau
Et maintenant voilà que s'ouvre la fenêtre
Araignées quand les mains tissaient la lumière
Beauté pâleur insondables violets
Nous tenterons en vain de prendre du repos
On commencera à minuit
Quand on a le temps on a la liberté
Bignorneaux Lotte multiples Soleils et l'Oursin du couchant
Une vieille paire de chaussures jaunes devant la fenêtre
Tours
Les Tours ce sont les rues
Puits
Puits ce sont les places
Puits

The Windows

All the yellow dies from red to green
Where parakeets sing in the first woods
Pihi giblets
There is a poem to write about a bird with just one wing
We'll telephone it in
Gigantic trauma
Brings tears to my eyes
Behold a pretty young girl amid the youth of Turin
The poor boy sneezed into his white cravat
I'll raise the curtain
And *voilà* the opening window
Spiders where my hands wove the light
Beauty pallor fathomless flowers
We'll flunk at shuteye
We'll start over at midnight
If you've got the time you've got the freedom
Winkles codfish polysuns and sundown urchins
A pair of old yellow boots in front of the window
Towers
Towers are the streets
Wells
Wells are plazas
Wells

Arbres creux qui abritent les Câpresses vagabondes
Les Chabins chantent des airs à mourir
Aux Chabines marronnes
Et l'oie oua-oua trompette au nord
Où les chasseurs de ratons
Raclent les pelleteries
Étincelant diamant
Vancouver
Où le train blanc de neige et de feux nocturnes fuit l'hiver
O Paris
Du rouge au vert tout le jaune se meurt
Paris Vancouver Hyères Maintenon New-York et les Antilles
La fenêtre s'ouvre comme une orange
Le beau fruit de la lumière

Hollow trees harbor vagabond half-breeds
Mulattoes sing mournfully
To noisy mulattoes
And the wa-wa goose trumpets northward
Where raccoon hunters
Scrape pelts
Vancouver
Glittery diamond
Where snow-white trains and nightlife fly from winter
O Paris
The yellow dies from red to green
Paris Vancouver Hyères Maintenon New York and the Antilles
The window opens like an orange
Comely fruit of light

Le Musicien de Saint-Merry

J'ai enfin le droit de saluer des êtres que je ne connais pas
Ils passent devant moi et s'accumulent au loin
Tandis que tout ce que j'en vois m'est inconnu
Et leur espoir n'est pas moins fort que le mien

*

Je ne chante pas ce monde ni les autres astres
Je chante toutes les possibilités de moi-même hors de ce monde et des
astres
Je chante la joie d'errer et le plaisir d'en mourir

*

Le 21 du mois de mai 1913
Passeur des morts et les mordonnantes mériennes
Des millions de mouches éventaient une splendeur
Quand un homme sans yeux sans nez et sans oreilles
Quittant le Sébasto entra dans la rue Aubry-le-Boucher
Jeane l'homme était brun et ce couleur de fraise sur les joues
Homme Ah! Ariane
Il jouait de la flûte et la musique dirigeait ses pas
Il s'arrêta au coin de la rue Saint-Martin
Jouant l'air que je chante et que j'ai inventé
Les femmes qui passaient s'arrêtaient près de lui
Il en venait de toutes parts
Lorsque tout à coup les cloches de Saint-Merry se mirent à sonner
Le musicien cessa de jouer et but à la fontaine

The Musician of Saint-Merry

At last I can hail I don't know whom
They pass by me they gather out there
Remaining strange
Their hopes no weaker than my own

*

I'm not singing of this world or of other stars
I'm singing possibilities of me beyond worlds
I'm singing joys of errancy pleasures of death

*

21st May 1913
Ferryman of the dead and of death-buzzing B-girls
Millions of flies fanned out in a splendor
When an eyeless noseless earless man
Turned out of Sebasto coming down the rue Aubry-le-Boucher
He was dark and young with strawberry cheeks
O Man! Ariadne
He played a flute and the music took him
He stopped at the corner of the rue Saint-Martin
Playing this song I'm singing which I invented
Women passing by gathered around him
They came from everywhere
Suddenly all the bells of Saint-Merry were ringing
The musician stopped playing to drink from the fountain

Qui se trouve au coin de la rue Simon-Le-Franc
Puis Saint-Merry se tut
L'inconnu reprit son air de flûte
Et revenant sur ses pas marcha jusqu'à la rue de la Verrerie
Où il entra suivi par la troupe des femmes
Qui sortaient des maisons
Qui venaient par les rues traversières les yeux fous
Les mains tendues vers le mélodieux ravisseur
Il s'en allait indifférent jouant son air
Il s'en allait terriblement

*

Puis ailleurs
A quelle heure un train partira-t-il pour Paris

*

A ce moment
Les pigeons des Moluques fientaient des noix muscades
En même temps
Mission catholique de Bôma qu'as-tu fait du sculpteur

*

Ailleurs
Elle traverse un pont qui relie Bonn à Beuel et disparaît à travers Pützchen

*

Au même instant
Une jeune fille amoureuse du maire

*

At the corner of the rue Simon-le-Franc
Then Saint-Merry was quiet
The stranger played again
Retracing his steps as far as the rue de La Verrerie
He kept walking followed by more and more women
Streaming from the houses
And coming from the cross-streets wild-eyed
With hands outstretched to the weird troubador
Indifferent he kept walking playing his song
He just kept walking it was terrifying

*

Elsewhere
When does a train leave for Paris

*

Simultaneously
Moluccan pigeons dung down nutmegs
Simultaneously
Catholic mission at Boma what have you done with the sculptor

*

Elsewhere
She crosses a bridge from Bonn to Beuel and vanishes

*

Simultaneously
A girl in love with the mayor

*

Dans un autre quartier
Rivalise donc poète avec les étiquettes des parfumeurs

*

En somme ô rieurs vous n'avez pas tiré grand-chose des hommes
Et à peine avez-vous extrait un peu de graisse de leur misère
Mais nous qui mourons de vivre loin l'un de l'autre
Tendons nos bras et sur ces rails roule un long train de marchandises

*

Tu pleurais assise près de moi au fond d'un fiacre
Et maintenant
Tu me ressembles tu me ressembles malheureusement

*

Nous nous ressemblons comme dans l'architecture du siècle dernier
Ces hautes cheminées pareilles à des tours

*

Nous allons plus haut maintenant et ne touchons plus le sol

*

Et tandis que le monde vivait et variait
Le cortège des femmes long comme un jour sans pain
Suivait dans la rue de la Verrerie l'heureux musicien

*

Cortèges ô cortèges
C'est quand jadis le roi s'en allait à Vincennes
Quand les ambassadeurs arrivaient à Paris
Quand le maigre Suger se hâtait vers la Seine
Quand l'émeute mourait autour de Saint-Merry.

*

In another part of town
The poets compete with perfume labels

*

In sum o laughers you have not profited from humanity
You've gotten only a little grease of its misery
But we who are dying of distances
Stretch out our arms and on those rails there rolls a long train of merchandise

*

You wept beside me in the depths of a taxicab
And now
You resemble me unhappily you really do

*

We resemble each other like the chimneys
Towering in 19th-century architecture

*

We go higher and we shall never touch down

*

And while the world changed and lived
The parade of women as long as a day without bread
Followed the happy musician down the rue de La Verrerie

*

Parades o parades
As in the old days when the king went to Vincennes
When ambassadors entered Paris
When skinny Suger hurried to the Seine
When the riot died out in Saint-Merry

*

Cortèges ô cortèges
Les femmes débordaient tant leur nombre était grand
Dans toutes les rues avoisinantes
Et se hâtaient raides comme balle
Afin de suivre le musicien
Ah! Ariane et toi Pâquette et toi Amine
Et toi Mia et toi Simone et toi Mavise
Et toi Colette et toi la belle Geneviève
Elles ont passé tremblantes et vaines
Et leurs pas légers et prestes se mouvaient selon la cadence
De la musique pastorale qui guidait
Leurs oreilles avides

*

L'inconnu s'arrêta un moment devant une maison à vendre
Maison abandonnée
Aux vitres brisées
C'est un logis du seizième siècle
La cour sert de remise à des voitures de livraisons
C'est là qu'entra le musicien
Sa musique qui s'éloignait devint langoureuse
Les femmes le suivirent dans la maison abandonnée
Et toutes y entrèrent confondues en bande
Toutes toutes y entrèrent sans regarder derrière elles
Sans regretter ce qu'elles ont laissé
Ce qu'elles ont abandonné
Sans regretter le jour la vie et la mémoire

Parades o parades
The women overflowed
Into every street in the neighborhood
Avalanching
Following the musician
Ah! Ariadne and you Paquette and you Amine
And you Mia and you Simone and you Mavise
And you Colette and you beautiful Genevieve
They passed by mean quivering and vain
And their soft steps went in cadence
To the pastoral music
Guiding their avid ears

*

The stranger stopped for a moment in front of a house for sale
Derelict house
Broken windows
Sixteenth-century
Courtyard a parking lot
He went inside
His music receding became languorous
The women followed him in
They all went together in one clump
Without a backward glance
Without sorrow
Without remorse
Abandoning daylight and their lives and their memories

Il ne resta bientôt plus personne dans la rue de la Verrerie
Sinon moi-même et un prêtre de Saint-Merry
Nous entrâmes dans la vieille maison

*

Mais nous n'y trouvâmes personne

*

Voici le soir
A Saint-Merry c'est l'Angélus qui sonne
Cortèges ô cortèges
C'est quand jadis le roi revenait de Vincennes
Il vint une troupe de casquettiers
Il vint des marchands de bananes
Il vint des soldats de la garde républicaine
O nuit
Troupeau de regards langoureux des femmes
O nuit
Toi ma douleur et mon attente vaine
J'entends mourir le son d'une flûte lointaine

Pretty soon no one was left on the rue de La Verrerie
Except for me and the parish priest
We entered the old house too

*

We didn't find anyone

*

It's evening now
The Angelus is ringing
Parades o parades
As in the old days when the king returned from Vincennes
There came a troupe of hat-makers
There came banana sellers
There came soldiers of the republican guard
O night
Flock of languorous female eyes
O night
My sadness and my useless attention
I can just barely hear a flute dying

Arbre

A Frédéric Boutet

Tu chantes avec les autres tandis que les phonographes galopent
Où sont les aveugles où s'en sont-ils allés
La seule feuille que j'aie cueillie s'est changée en plusieurs mirages
Ne m'abandonnez pas parmi cette foule de femmes au marché
Ispahan s'est fait un ciel de carreaux émaillés de bleu
Et je remonte avec vous une route aux environs de Lyon

*

Je n'ai pas oublié le son de la clochette d'un marchand de coco d'autrefois
J'entends déjà le son aigre de cette voix à venir
Du camarade qui se promènera avec toi en Europe
Tout en restant en Amérique

*

Un enfant
Un veau dépouillé pendu à l'étal
Un enfant
Et cette banlieue de sable autour d'une pauvre ville au fond de l'est
Un douanier se tenait là comme un ange
A la porte d'un misérable paradis
Et ce voyageur épileptique écumait dans la salle d'attente des premières

*

Engoulevent Blaireau
Et la Taupe-Ariane
Nous avions loué deux coupés dans le transsibérien

Tree

For Frédéric Boutet

You choir with others while phonographs gallop
Where are the blind men where have they gone
I culled one leaf and it changed to mirages
Please don't leave me here in this crowd of women
At Ispahan the sky is made of blue tiles
And I am with you once again on the road to Lyons

*

I haven't forgotten the tinny bell of the licorice seller
I can already hear the shrill voice of the future
Walking beside you in Europe while the friend it belongs to
Sits in America

*

A child
A dressed calf dangling at the butcher's
A child
And that sandy suburb of a dusty town in the pit of the east
At the door of a fly-blown heaven
The customs man stood like an angel
And the wealthy epileptic tourist frothed in the waiting room

*

Nightjar badger
And the Mole-Ariadne
We booked two compartments of the Trans-Siberian

Tour à tour nous dormions le voyageur en bijouterie et moi
Mais celui qui veillait ne cachait point un revolver armé

*

Tu t'es promené à Leipzig avec une femme mince déguisée en homme
Intelligence car voilà ce que c'est qu'une femme intelligente
Et il ne faudrait pas oublier les légendes
Dame-Abonde dans un tramway la nuit au fond d'un quartier désert
Je voyais une chasse tandis que je montais
Et l'ascenseur s'arrêtait à chaque étage

*

Entre les pierres
Entre les vêtements multicolores de la vitrine
Entre les charbons ardents du marchand de marrons
Entre deux vaisseaux norvégiens amarrés à Rouen
Il y a ton image

*

Elle pousse entre les bouleaux de la Finlande

*

Ce beau nègre en acier

*

La plus grande tristesse
C'est quand tu reçus une carte postale de La Corogne

*

Le vent vient du couchant
Le métal des caroubiers
Tout est plus triste qu'autrefois

The jeweler and I took turns sleeping
Whoever stood guard brandished the gun

*

You walked in Leipzig with a skinny woman who dressed like a man
Espionage is a wise woman
Remember your mythology
Lady Bountiful on a bus at night in a bad neighborhood
I watched a fox-hunt on the way up
The elevator stopped at every floor

*

Between the stones
Between the bright clothes in the storefronts
Between the glowing coals of the chestnut vendor
Between two Norwegian ships at anchor in Rouen
Floats your image

*

It pounces between the birches of Finland

*

Beautiful steely negro

*

The worst grief
Was getting a postcard from Spain

*

The wind is from the sunset
The metal of carob trees
Everything is sadder than before

Tous les dieux terrestres vieillissent
L'univers se plaint par ta voix
Et des êtres nouveaux surgissent
Trois par trois

All the gods on earth are decrepit
The universe groans in your own voice
New creatures arise
In threes

Océan de Terre

A G. de Chirico

J'ai bâti une maison au milieu de l'Océan
Ses fenêtres sont les fleuves qui s'écoulent de mes yeux
Des poulpes grouillent partout où se tiennent les murailles
Entendez battre leur triple cœur et leur bec cogner aux vitres
  Maison humide
  Maison ardente
  Saison rapide
  Saison qui chante
 Les avions pondent des œufs
 Attention on va jeter l'ancre
Attention à l'encre que l'on jette
Il serait bon que vous vinssiez du ciel
Le chèvrefeuille du ciel grimpe
Les poulpes terrestres palpitent
Et puis nous sommes tant et tant à être nos propres fossoyeurs
Pâles poulpes des vagues crayeuses ô poulpes aux becs pâles
Autour de la maison il y a cet océan que tu connais
Et qui ne se repose jamais

Ocean of Earth

For G. de Chirico

I built a house in the middle of Ocean
Its windows are the rivers that flow from my eyes
Octopuses swarm over every wall
Hear their triple hearts beating and their beaks pecking the panes
    Humid house
    Fiery house
    Fast season
    Song season
   Airplanes lay eggs
   Look out for the dropping anchor
Look out for the squirting ink
You'd better climb down from the sky
The honeysuckle of the sky creeps up
Earthly octopuses throb
And we are more and more our own gravediggers
White octopuses of chalky waves o white-beaked octopuses
There's an ocean all around my house and you know it
And you know it never rests

Lundi Rue Christine

La mère de la concierge et la concierge laisseront tout passer
Si tu es un homme tu m'accompagneras ce soir
Il suffirait qu'un type maintînt la porte cochère
Pendant que l'autre monterait

*

Trois becs de gaz allumés
La patronne est poitrinaire
Quand tu auras fini nous jouerons une partie de jacquet
Un chef d'orchestre qui a mal à la gorge
Quand tu viendras à Tunis je te ferai fumer du kief

*

Ça a l'air de rimer

*

Des piles de soucoupes des fleurs un calendrier
Pim pam pim
Je dois fiche près de 300 francs à ma probloque
Je préférerais me couper le parfaitement que de les lui donner

*

Je partirai à 20 h. 27
Six glaces s'y dévisagent toujours
Je crois que nous allons nous embrouiller encore davantage
Cher monsieur
Vous êtes un mec à la mie de pain

Monday in the rue Christine

The concierge and her mother will let everyone through
If you were a real man you'd come with me tonight
One should be enough to guard the main entrance
While the other guy goes upstairs

*

Three burners lit
The boss lady is tubercular
Afterwards we'll play backgammon
A bandleader with a bad throat
When you come to Tunis we'll smoke good hash

*

It practically rhymes

*

Piles of saucers of flowers a calendar
Bip bap bam
I owe 300 francs to the landlady
I'd sooner cut off my dick than pay her anything

*

I leave tonight at 8:27
Six mirrors stare at each other unblinking
I think we're headed for trouble
Dear Sir
You are a shitface

Cette dame a le nez comme un ver solitaire
Louise a oublié sa fourrure
Moi je n'ai pas de fourrure et je n'ai pas froid
Le Danois fume sa cigarette en consultant l'horaire
Le chat noir traverse la brasserie

*

Ces crêpes étaient exquises
La fontaine coule
Robe noire comme ses ongles
C'est complètement impossible
Voici monsieur
La bague en malachite
Le sol est semé de sciure
Alors c'est vrai
La serveuse rousse a été enlevée par un libraire

*

Un journaliste que je connais d'ailleurs très vaguement

*

Écoute Jacques c'est très sérieux ce que je vais te dire

*

Compagnie de navigation mixte

*

Il me dit monsieur voulez-vous voir ce que je peux faire d'eaux-fortes et de
   tableaux
Je n'ai qu'une petite bonne

*

The lady has a nose like a tapeworm
Louise forgot her fur
Me I've got no fur but I'm not cold
Consulting a timetable the Dane smokes a cigarette
A black cat crosses the brasserie

*

Those crêpes were exquisite
The water's running
Black dress black as her fingernails
It's completely impossible
Here mister
The malachite ring
The ground is covered in sawdust
And so it's true
The redheaded waitress ran off with a bookseller

*

A journalist I scarcely know

*

Listen Jack what I'm going to tell you is really serious

*

Shipping corporation combine

*

He says to me sir would you like to see my etchings and pictures
And me with only the one small maid

*

Après déjeuner café du Luxembourg
Une fois là il me présente un gros bonhomme
Qui me dit
Écoutez c'est charmant
A Smyrne à Naples en Tunisie
Mais nom de Dieu où est-ce
La dernière fois que j'ai été en Chine
C'est il y a huit ou neuf ans
L'Honneur tient souvent à l'heure que marque la pendule
La quinte major

After lunch at the Café Luxembourg one time
He introduces me to this really big guy
Who says to me
Listen that would be charming
In Smyrna in Naples in Tunisia
But this is Paris for chrissake where is it
The last time I was in China
It must be eight or nine years ago
Honor depends on timing
The winning hand

A Travers l'Europe

Rotsoge
Ton visage écarlate ton biplan transformable en hydroplan
Ta maison ronde où il nage un hareng saur
Il me faut la clef des paupières
Heureusement que nous avons vu M. Panado
Et nous sommes tranquilles de ce côté-là
Qu'est-ce que tu vois mon vieux M.D. . . .
90 ou 324 un homme en l'air un veau qui regarde à travers le ventre de
    sa mère

*

J'ai cherché longtemps sur les routes
Tant d'yeux sont clos au bord des routes
Le vent fait pleurer les saussaies
Ouvre ouvre ouvre ouvre ouvre
Regarde mais regarde donc
Le vieux se lave les pieds dans la cuvette
Una volta ho inteso dire Chè vuoi
Je me mis à pleurer en me souvenant de vos enfances

*

Et toi tu me montres un violet épouvantable

*

Ce petit tableau où il y a une voiture m'a rappelé le jour
Un jour fait de morceaux mauves jaunes bleus verts et rouges
Où je m'en allais à la campagne avec une charmante cheminée tenant sa
    chienne en laisse
Il n'y en a plus tu n'as plus ton petit mirliton

Across Europe

For M. Ch.

Redway
Your scarlet face your biplane becoming a hydroplane
Your round house harangued by a sour fish
I've lost my eyelid key
Happily we saw Mr Panado
    and are now supplied with girls
What do you see my old M.D. . . .
90 or 324 a man in mid-air a calf staring out from its mother's guts

                    *

I searched the roads a long time
So many eyes are shut at the roadsides
The wind makes willows weep
Open open open open open
Look but really look
The old man washes his feet in the basin
Una volta ho inteso dire Che vuoi
I started weeping remembering your childhood

                    *

And you my friend you show me a terrifying shade of blue

                    *

That little painting of a car recalls the day
A day made of dabs of mauve yellow blue green and red
When I went to the country with a charming chimney
    walking her bitch
There's nothing left you no longer have your little reed-pipe

La cheminée fume loin de moi des cigarettes russes
La chienne aboie contre les lilas
La veilleuse est consumée
Sur la robe ont chu des pétales
Deux anneaux d'or près des sandales
Au soleil se sont allumés
Mais tes cheveux sont le trolley
A travers l'Europe vêtue de petits feux multicolores

Far from me now the chimney smokes her Russian cigarettes
The bitch barks at lilacs
The night-light is dead
Petals smother a dress
Two gold rings catch fire
Beside two sandals in the sunlight
But all across Europe in tiny fiery lights
Your hair is the trolley

Un Fantôme de Nuées

Comme c'était la veille du quatorze juillet
Vers les quatre heures de l'après-midi
Je descendis dans la rue pour aller voir les saltimbanques

*

Ces gens qui font des tours en plein air
Commencent à être rares à Paris
Dans ma jeunesse on en voyait beaucoup plus qu'aujourd'hui
Ils s'en sont allés presque tous en province

*

Je pris le boulevard Saint-Germain
Et sur une petite place située entre Saint-Germain-des-Prés et la statue de
    Danton
Je rencontrai les saltimbanques

*

La foule les entourait muette et résignée à attendre
Je me fis une place dans ce cercle afin de tout voir
Poids formidables
Villes de Belgique soulevées à bras tendu par un ouvrier russe de Longwy
Haltères noirs et creux qui ont pour tige un fleuve figé
Doigts roulant une cigarette amère et délicieuse comme la vie

*

De nombreux tapis sales couvraient le sol
Tapis qui ont des plis qu'on ne défera pas
Tapis qui sont presque entièrement couleur de la poussière

Cloud Phantom

Because it was the eve of Bastille Day
Almost four in the afternoon
I went down to the street to see the acrobats

*

Street performers anymore
Are scarce in Paris
When I was small I saw them all the time
They've almost vanished

*

I took the Boulevard Saint-Germain
And in the little square between Saint-Germain-des-Prés and Danton's
    statue
I found the acrobats

*

The crowd around them was quiet and patient
I found a good place in the circle I could see everything
Incredible weights
Entire Belgian cities deadlifted by a Russian worker
Hollow black dumbbells at both ends of a frozen river
Fingers rolling a cigarette as bitterly delicious as my life

*

Some dirty rugs were strewn on the ground
Lumpy and wrinkled
The color of dust

Et où quelques taches jaunes ou vertes ont persisté
Comme un air de musique qui vous poursuit

*

Vois-tu le personnage maigre et sauvage
La cendre de ses pères lui sortait en barbe grisonnante
Il portait ainsi toute son hérédité au visage
Il semblait rêver à l'avenir
En tournant machinalement un orgue de Barbarie
Dont la lente voix se lamentait merveilleusement
Les glouglous les couacs et les sourds gémissements

*

Les saltimbanques ne bougeaient pas
Le plus vieux avait un maillot couleur de ce rose violâtre qu'ont aux joues
    certaines jeunes filles fraîches mais près de la mort

*

Ce rose-là se niche surtout dans les plis qui entourent souvent leur bouche
Ou près des narines
C'est un rose plein de traîtrise

*

Cet homme portait-il ainsi sur le dos
La teinte ignoble de ses poumons

*

Les bras les bras partout montaient la garde

*

Le second saltimbanque
N'était vêtu que de son ombre
Je le regardai longtemps

With yellow and green stains as indelible
As a popular song in your head

*

Do you see that skinny old man
His gray beard grew from his father's ashes
His heredity was smeared across his face
He seemed to be dreaming of the future
Grinding his barrel organ all the while
Its slow voice moaning marvelously
Jug-jugs and wheezes

*

The acrobats stood still
The oldest wore a violet sweater the same color as the faces of dying
    tubercular girls

*

The flower that nestles in the creases of their mouths
Or close to their nostrils
Is a treacherous violet

*

On his back the man bore
The ignoble color of his lungs

*

Arms human arms everywhere on guard

*

The second acrobat
Was naked except for his shadow
I watched him a long time

Son visage m'échappe entièrement
C'est un homme sans tête

*

Un autre enfin avait l'air d'un voyou
D'un apache bon et crapule à la fois
Avec son pantalon bouffant et les accroche-chaussettes
N'aurait-il pas eu l'apparence d'un maquereau à sa toilette

*

La musique se tut et ce furent des pourparlers avec le public
Qui sou à sou jeta sur le tapis la somme de deux francs cinquante
Au lieu des trois francs que le vieux avait fixés comme prix des tours

*

Mais quand il fut clair que personne ne donnerait plus rien
On se décida à commencer la séance
De dessous l'orgue sortit un tout petit saltimbanque habillé de rose
    pulmonaire
Avec de la fourrure aux poignets et aux chevilles
Il poussait des cris brefs
Et saluait en écartant gentiment les avant-bras
Mains ouvertes

*

Une jambe en arrière prête à la génuflexion
Il salua ainsi aux quatre points cardinaux
Et quand il marcha sur une boule
Son corps mince devint une musique si délicate que nul parmi les
    spectateurs n'y fut insensible
Un petit esprit sans aucune humanité
Pensa chacun
Et cette musique des formes

His face escapes me entirely
He's headless

*

There was another one a hooligan
In baggy pants and sagging garters
A good thug only slightly debauched
He could have passed for a pimp

*

They stopped the music and bargained with the crowd
Coin by coin we threw down two francs fifty
Instead of the three francs they'd demanded

*

And when it was clear that no more money was coming
They began the show anyway
From under the organ came a tiny acrobat in pulmonary
    pink
In furry cuffs and anklets
And with a beautiful arc of his forearms
Fingers wide apart
He yipped and saluted us

*

One leg bent in genuflection
He hailed the North and East and South and West
And when he walked on a ball
His skinny body became such delicate music none of us could
    bear it
Each beheld
A tiny soul without the least humanity
Its shapely music

Détruisit celle de l'orgue mécanique
Que moulait l'homme au visage couvert d'ancêtres

*

Le petit saltimbanque fit la roue
Avec tant d'harmonie
Que l'orgue cessa de jouer
Et que l'organiste se cacha le visage dans les mains
Aux doigts semblables aux descendants de son destin
Fœtus minuscules qui lui sortaient de la barbe
Nouveaux cris de Peau-Rouge
Musique angélique des arbres
Disparition de l'enfant

*

Les saltimbanques soulevèrent les gros haltères à bout de bras
Ils jonglèrent avec les poids
Mais chaque spectateur cherchait en soi l'enfant miraculeux
Siècle ô siècle des nuages

Destroyed the squawking jug-jug wheeze
Of the crematorium-faced organ grinder

*

The tiny acrobat cartwheeled
Such harmonies
The organ ceased
The organ grinder buried his face in his hands
His fingers looked like descendants
Miniscule fetuses sprouted from his beard
Comanche war whoops
Angelic tree music
Vanishing child

*

The acrobats lifted their dumbbells as high as they could
They juggled big weights
But each of us was looking inward for the miraculous child
Century o century of clouds

Souvenirs

Deux lacs nègres
   Entre une forêt
      Et une chemise qui sèche

*

Bouche ouverte sur un harmonium
C'était une voix faite d'yeux
Tandis qu'il traîne de petites gens

*

Une toute petite vieille au nez pointu
J'admire la bouillotte d'émail bleu
Mais le rat pénètre dans le cadavre et y demeure

*

Un monsieur en bras de chemise
Se rase près de la fenêtre
En chantant un petit air qu'il ne sait pas très bien
Ça fait tout un opéra

*

Toi qui te tournes vers le roi
Est-ce que Dieu voudrait mourir encore

Mementos

Two negro lakes
    Between a forest
        And a drying shirt

*

Open-mouthed over a harmonium
It was a voice made of eyes
While poor folk dawdled

*

A puny crone with a pointed nose
And me amazed by an enameled foot-warmer
Nevertheless a rat eats into a cadaver and stays there

*

A man in shirt-sleeves
Shaves by the window
Singing a little song he scarcely knows
It's a whole opera

*

Thou who turnest towards the king
Really does God want to die again

La Petite Auto

Le 31 de mois d'Août 1914
Je partis de Deauville un peu avant minuit
Dans la petite auto de Rouveyre

*

Avec son chauffeur nous étions trois

*

Nous dîmes adieu à toute un époque
Des géants furieux se dressaient sur l'Europe
Les aigles quittaient leur aire attendant le soleil
Les poissons voraces montaient des abîmes
Les peuples accouraient pour se connaître à fond
Les morts tremblaient de peur dans leurs sombres demeures

*

Les chiens aboyaient vers là-bas où étaient les frontières
Je m'en allais portant en moi toutes ces armées qui se battaient
Je les sentais monter en moi et s'étaler les contrées où elles serpentaient
Avec les forêts les villages heureux de la Belgique
Francorchamps avec l'Eau Rouge et les pouhons
Région par où se font toujours les invasions
Artères ferroviaires où ceux qui s'en allaient mourir
Saluaient encore une fois la vie colorée
Océans profonds où remuaient les monstres
Dans les vieilles carcasses naufragées

The Little Car

31st August 1914
I left Deauville a little before midnight
In Rouveyre's little car

*

Counting the chauffeur there were three of us

*

We said farewell to an entire epoch
Angry giants stood up on Europe
Eagles quit their nests to find the sun
Voracious fishes climbed out of abysses
Whole populations hurled themselves into deep knowledge
The dead shivered in their somber graves

*

Dogs barked at the border-crossings
I went off carrying armies inside me
I puked them out and they snaked across a landscape sprawling
With forests and happy Belgian towns
Francorchamps with its red river and hot springs
Region of endless invasions
Arterial railways where doomed men
Salute this bright life one last time
Deep oceans stirred by monsters
In shipwrecked hulls

Hauteurs inimaginables où l'homme combat
Plus haut que l'aigle ne plane
L'homme y combat contre l'homme
Et descend tout à coup comme une étoile filante

*

Je sentais en moi des êtres neufs pleins de dextérité
Bâtir et aussi agencer un univers nouveau
Un marchand d'une opulence inouïe et d'une taille prodigieuse
Disposait un étalage extraordinaire
Et des bergers gigantesques menaient
De grands troupeaux muets qui broutaient les paroles
Et contre lesquels aboyaient tous les chiens sur la route

Unimaginable heights where men make war
Higher than eagles soar
Man fights man
And suddenly falls like a shooting star

*

Inside me I felt skillful new beings
Build and legislate a new universe
A gigantic merchant of unparalleled opulence
Arranged an astonishing display
And huge shepherds led
Great silent flocks that grazed on words
And against whom every dog in the road kept barking

Je n'oublierai jamais ce voyage nocturne où nul de nous ne dit un mot

```
O           o
dé          nuit        o
part        tendre      vil  s c h a z
•sombre     d'avant     lages où t a i n
où mouraient la guerre
nos·3 phares
```

MARECHAUX-FERRANTS RAPPÉLÉS

ENTRE MINUIT ET UNE HEURE DU MATIN

ou bien

```
      v
   e  r  s
LISIEUX
l a t r è s
  b l e u
     e
```

```
      v
   e  r  s
 a l l e
 a d ' o
      r
```

et 3 fois nous nous arrêtâmes pour changer un pneu qui s'était éclaté

I shall never forget that night ride in silence

o
som
ber
departure
where 3 of our
headlights died

o
tender
night
before
the war

vil
lages where
h a s t d
e n t
h
e
e

FARRIERS SUMMONED

MORNING

BETWEEN MIDNIGHT AND ONE IN THE MORNING

or else

t
oward
LISIEUX
so very
blu
e

v
e r s
a i l l e
s t h e
golden flat tires

and 3 times we stopped to change flat tires

Et quand après avoir passé l'après-midi
Par Fontainebleau
Nous arrivâmes à Paris
Au moment où l'on affichait la mobilisation
Nous comprîmes mon camarade et moi
Que la petite auto nous avait conduits dans une époque Nouvelle
Et bien qu'étant déjà tous deux des hommes mûrs
Nous venions cependant de naître

BOOK CULTURE

536 West 112th Street
NY NY 10025
Ph.212-865-1588 Fax 212-865-2749
www.bookculture.com
email: books@bookculture.com

84222 Reg12 4:01 pm 06/08/09

S X198 BARGAIN BOOK	1 @	1.98	1.98
S X398 BARGAIN BOOK	1 @	3.98	3.98
SUBTOTAL			5.96
SALES TAX - 8.375%			.50
TOTAL			6.46
CASH PAYMENT			7.00
CHANGE			.54

ORDER FROM ANYWHERE, WE SHIP EVERYWHERE
Hours m-f 9am-10pm sa 10-8 su 11-7
RETURNS ACCEPTED ONLY WITHIN 10 DAYS
AND WITH A RECEIPT.
NO REFUNDS, STORE CREDIT ONLY.

And when after spending a good afternoon
Near Fontainebleau
We arrived in Paris
At the very moment of the mobilization
We realized my comrade and I
That the little car had driven us to a new epoch
And though we were full-grown men already
We'd just been born

Le Départ

Et leurs visages étaient pâles
Et leurs sanglots s'étaient brisés

*

Comme la neige aux purs pétales
Ou bien tes mains sur mes baisers
Tombaient les feuilles automnales

The Departure

And their faces paled
And their sobs broke

*

Like the snow on pure petals
Or better still your hands on my kisses
Autumn leaves fell

Fusée

La boucle des cheveux noirs de ta nuque est mon trésor
Ma pensée te rejoint et la tienne la croise
Tes seins sont les seuls obus que j'aime
Ton souvenir est la lanterne de repérage qui nous sert à pointer la nuit

*

En voyant la large croupe de mon cheval j'ai pensé à tes hanches

*

Voici les fantassins qui s'en vont à l'arrière en lisant un journal

*

Le chien du brancardier revient avec une pipe dans sa gueule

*

Un chat-huant ailes fauves yeux ternes gueule de petit chat et pattes de chat

*

Une souris verte file parmi la mousse

*

Le riz a brûlé dans la marmite de campement
Ça signifie qu'il faut prendre garde à bien des choses

*

Le mégaphone crie
Allongez le tir

*

Allongez le tir amour de vos batteries

*

Flare

The buckle of black hair at your nape is my treasure
Our minds are reunited
Your breasts are the only bombs I love
Memory of you is the searchlight centering our night

*

Seeing the great rump of my horse I thought of your haunches

*

There goes the infantry in full retreat reading newspapers

*

Here comes the stretcher-bearer's dog with a meerschaum in his mouth

*

A drab-eyed screech owl yellow winged pussy-beaked pussy-footed

*

A green mouse sneaks through the moss

*

The rice has burned on the camp stove
Meaning a guy has got to be careful around here

*

The megaphone screams
Lengthen your range

*

Lengthen the range of your cannons love

*

Balance des batteries lourdes cymbales
Qu'agitent les chérubins fous d'amour
En l'honneur du Dieu des Armées

                                    *

Un arbre dépouillé sur une butte

                                    *

Le bruit des tracteurs qui grimpent dans la vallée

                                    *

O vieux monde du XIXe siècle plein de hautes cheminées si belles et si
    pures

                                    *

Virilités du siècle où nous sommes
O canons

                                    *

Douilles éclatantes des obus de 75
Carillonnez pieusement

Hesitation of the guns heavy cymbals
Crashed by love-crazed cherubim
In honor of the God of armies

*

A tree stripped bare on a hillock

*

The noise of tractors climbing the valley

*

O lost world 19th century full of tall chimneys so pretty so pure

*

Virilities of the here and now
O cannons

*

Shells exploding from the 75's
Piety ringing bells

La Nuit d'Avril 1915

A L. de C.-C.

Le ciel est étoilé par les obus des Boches
La forêt merveilleuse où je vis donne un bal
La mitrailleuse joue un air à triples-croches
Mais avez-vous le mot
                Eh! oui le mot fatal
Aux créneaux   Aux créneaux   Laissez là les pioches

*

Comme un astre éperdu qui cherche ses saisons
Cœur obus éclaté tu sifflais ta romance
Et tes mille soleils ont vidé les caissons
Que les dieux de mes yeux remplissent en silence

*

Nous vous aimons ô vie et nous vous agaçons

*

Les obus miaulaient un amour à mourir
Un amour qui se meurt est plus doux que les autres
Ton souffle nage au fleuve où le sang va tarir
Les obus miaulaient
                Entends chanter les nôtres
Pourpre amour salué par ceux qui vont périr

*

Le printemps tout mouillé la veilleuse l'attaque

*

1915 April Night

For L. de C.-C.

The sky is starry with Boche bombs
The marvelous forest in which I live is a cotillion
The machine guns play a waltz
But have you got the password
                    Eh! yes the fatal word
To the gunports   To the gunports   Put that pickaxe down

*

Like a wild star seeking its seasons
Heart-exploded bomb you whistled a torch song
And your thousand suns have emptied caissons
That the gods of my eyes replenish in silence

*

We love you o life and we provoke you

*

The bombs mewed a murderous love
A dying love is sweeter than all others
Your breath swims a river where the blood runs dry
The bombs mewed
                    Listen to our bombs singing now
Their dark purple love is hailed by the dying

*

The drenched springtime the nightlamp the attack

*

Il pleut mon âme il pleut mais il pleut des yeux morts

*

Ulysse que de jours pour rentrer dans Ithaque

*

Couche-toi sur la paille et songe un beau remords
Qui pur effet de l'art soit aphrodisiaque

*

Mais
  orgues
    aux fétus de la paille où tu dors
L'hymne de l'avenir est paradisiaque

It's raining my soul it's raining but it rains dead eyes

*

Ulysses how many days is Ithaka from here

*

Lie down in the straw and dream a beautiful remorse
Whose pure poetry is an aphrodisiac

*

But
    organ music
               in the fetal straw you sleep upon
The hymn of the future is paradisiac

Merveille de la Guerre

Que c'est beau ces fusées qui illuminent la nuit
Elles montent sur leur propre cime et se penchent pour regarder
Ce sont des dames qui dansent avec leurs regards pour yeux bras et cœurs

*

J'ai reconnu ton sourire et ta vivacité

*

C'est aussi l'apothéose quotidienne de toutes mes Bérénices dont les
     chevelures sont devenues des comètes
Ces danseuses surdorées appartiennent à tous les temps et à toutes les races
Elles accouchent brusquement d'enfants qui n'ont que le temps de mourir

*

Comme c'est beau toutes ces fusées
Mais ce serait bien plus beau s'il y en avait plus encore
S'il y en avait des millions qui auraient un sens complet et relatif comme
     les lettres d'un livre
Pourtant c'est aussi beau que si la vie même sortait des mourants

*

Mais ce serait plus beau encore s'il y en avait plus encore
Cependant je les regarde comme une beauté qui s'offre et s'évanouit aussitôt

*

Il me semble assister à un grand festin éclairé a giorno
C'est un banquet que s'offre la terre
Elle a faim et ouvre de longues bouches pâles
La terre a faim et voici son festin de Balthasar cannibale

*

Marvel of War

Beautiful these flares that light the dark
One climbing upon another and leaning to look down
They are ladies dancing whose looks are eyes and arms and hearts

*

I recognized your smile and your vivacity

*

It is likewise the usual apotheosis of all my Berenices whose tresses are
    comets' tails
These gilded *danseuses* belong to all times and all races
Brusquely they birth infants who briskly die

*

Beautiful these flares tonight
And even more beautiful if there were more of them
If there were millions of them ambiguous as letters in a book
All the same as beautiful as if life itself were an upshot of dying

*

And even more beautiful if there were more of them
Nevertheless I see them as beautiful women who offer themselves and
    then faint dead away

*

It seems I am at a big feast candlelight brighter than daylight
A banquet offered of Earth
She is hungry she opens her long pale mouths
Earth is hungry and this is the Feast of Balthazar the Cannibal

*

Qui aurait dit qu'on pût être à ce point anthropophage
Et qu'il fallût tant de feu pour rôtir le corps humain
C'est pourquoi l'air a un petit goût empyreumatique qui n'est ma foi pas
    désagréable
Mais le festin serait plus beau encore si le ciel y mangeait avec la terre
Il n'avale que les âmes
Ce qui est une façon de ne pas se nourrir
Et se contente de jongler avec des feux persicolores

*

Mais j'ai coulé dans la douceur de cette guerre avec toute ma compagnie
    au long des longs boyaux
Quelques cris de flamme annoncent sans cesse ma présence
J'ai creusé le lit où je coule en me ramifiant en mille petits fleuves qui vont
    partout
Je suis dans la tranchée de première ligne et cependant je suis partout ou
    plutôt je commence à être partout
C'est moi qui commence cette chose des siècles à venir
Ce sera plus long à réaliser que non la fable d'Icare volant

*

Je lègue à l'avenir l'histoire de Guillaume Apollinaire
Qui fut à la guerre et sut être partout
Dans les villes heureuses de l'arrière
Dans tout le reste de l'univers
Dans ceux qui meurent en piétinant dans le barbelé
Dans les femmes dans les canons dans les chevaux
Au zénith au nadir aux 4 points cardinaux
Et dans l'unique ardeur de cette veillée d'armes

*

Et ce serait sans doute bien plus beau
Si je pouvais supposer que toutes ces choses dans lesquelles je suis partout

Suddenly to be so anthropophagous who could have guessed
Or that such great fires were needed to cook men's flesh
No wonder the air smells empyreumatic I'm starting to like it
But even more beautiful if Sky would eat with Earth
Sky only eats souls
A poor diet
And wants nothing more than to juggle star shells and all the pretty bombs

*

But I have flowed along the long trenches with all my company into the
    sweetness of this war
Ceaseless fiery outcries announce my presence
I have dug out a riverbed I flow into a thousand rivulets branching every-
    where
I am in the front-line and I'm still everywhere maybe just beginning to be
    everywhere
Myself I begin this whole business of the centuries coming
And longer and stranger to fulfill than the myth of Icarus

*

To the future I bequeath the story of Guillaume Apollinaire
Who fought in the war and was everywhere
In the happy townships far from the front-lines
In all the rest of the universe
In those who died on the thorns of the wire
In women in cannons in horses
At zenith and nadir at the four cardinal points
And in the singular passion of this battle-eve

*

And no doubt even more beautiful
Supposing that all these things somehow

Pouvaient m'occuper aussi
Mais dans ce sens il n'y a rien de fait
Car si je suis partout à cette heure il n'y a cependant que moi qui suis
en moi

Also thought of me
But of course it's impossible
Though I am everywhere just now there is nobody here but me

Fête

A André Rouveyre

Feu d'artifice en acier
Qu'il est charmant cet éclairage
   Artifice d'artificier
Mêler quelque grâce au courage

*

Deux fusants
Rose éclatement
Comme deux seins que l'on dégrafe
Tendent leurs bouts insolemment
IL SUT AIMER
   quelle épitaphe

*

Un poète dans la forêt
Regarde avec indifférence
   Son revolver au cran d'arrêt
Des roses mourir d'espérance

*

Il songe aux roses de Saadi
Et soudain sa tête se penche
Car une rose lui redit
La molle courbe d'une hanche

*

Festival

For André Rouveyre

Steely fireworks display
Such hypnotic lightning
   Artificer's artifice
Mixing a little grace with guts

*

Two flares
Rosy outbursts
Like two breasts bared
Nipples insolently uplifted
HE COULD LOVE
       a tremendous epitaph

*

A poet in the forest
Looks indifferently
   With his revolver on safety
At roses dying of hope

*

He dreams of roses of Saadi
Suddenly his head tilts a little
Because a rose reminds him
Soft curve of hip

*

L'air est plein d'un terrible alcool
Filtré des étoiles mi-closes
Les obus caressent le mol
Parfum nocturne où tu reposes
    Mortification des roses

The air is filled with bad alcohol
Filtered through half-dead stars
Bombs caress the soft
Dark perfume where you repose
     Gangrene of roses

Un Oiseau Chante

Un oiseau chante ne sais où
C'est je crois ton âme qui veille
Parmi tous les soldats d'un sou
Et l'oiseau charme mon oreille

*

Écoute il chante tendrement
Je ne sais pas sur quelle branche
Et partout il va me charmant
Nuit et jour semaine et dimanche

*

Mais que dire de cet oiseau
Que dire des métamorphoses
De l'âme en chant dans l'arbrisseau
Du cœur en ciel du ciel en roses

*

L'oiseau des soldats c'est l'amour
Et mon amour c'est une fille
La rose est moins parfaite et pour
Moi seul l'oiseau bleu s'égosille

*

Oiseau bleu comme le cœur bleu
De mon amour au cœur céleste

*

A Bird Is Singing

Somewhere out there a bird is singing
I believe he is your own soul waiting
Somewhere among the rag-tag infantry
And his singing delights me

*

Everywhere he delights me
All the time the whole week long
Listen he is singing right now and tenderly
On the barest branch of an invisible tree

*

How can I make words show
A strange change of soul
Into notes and branches
A change of heart into sky and roses

*

Somewhere out there the war is a bluebird
Who loves me and I love a girl
More perfect than all roses
The poor war is alone

*

Bluebird blue as the sky-blue heart
Of my girl whose heart is the sky

*

Ton chant si doux répète-le
A la mitrailleuse funeste

*

Qui claque à l'horizon et puis
Sont-ce les astres que l'on sème
Ainsi vont les jours et les nuits
Amour bleu comme est le cœur même

Sing it again start now
And sing right through the gunfire

*

On the horizon machine-gun fire swells
The sky is strewn with starlight
Days pass and nights go by
Blue love blue as the heart itself

Chant de l'Horizon en Champagne

A. M. Joseph Granié

Voici le tétin rose de l'euphorbe verruquée
Voici le nez des soldats invisibles
Moi l'horizon invisible je chante
Que les civils et les femmes écoutent ces chansons
Et voici d'abord la cantilène du brancardier blessé

*

Le sol est blanc la nuit l'azure
Saigne la crucifixion
Tandis que saigne la blessure
Du soldat de Promission

*

Un chien jappait l'obus miaule
La lueur muette a jailli
A savoir si la guerre est drôle
Les masques n'ont pas tressailli

*

Mais quel fou rire sous le masque
Blancheur éternelle d'ici
Où la colombe porte un casque
Et l'acier s'envole aussi

*

Je suis seul sur le champ de bataille
Je suis la tranchée blanche le bois vert et roux

Song of the Horizon in Champagne

For M. Joseph Granié

Here is the close pink nipple of warty spurge
Here is the nose of invisible infantry
And myself invisible horizon me I sing
So civilians and the women may hear
And the first song is the canticle of the wounded stretcher-bearer

*

The ground is whiteness purpled by the night
The crucifixion bleeds
The new crusader stands in wounds all night
And bleeds

*

Dogs yelp bombshells mew
Inaudible starshells burst
War may not be funny
When gas masks fail to work

*

But under the mask there's laughter
Eternal whiteness now
The mourning doves are helmeted
But they die too

*

I am alone on the battlefield
I am the white trench I am the red and the green woods

L'obus miaule
Je te tuerai
Animez-vous fantassins à passepoil jaune
Grands artilleurs roux comme des taupes
Bleu-de-roi comme les golfes méditerranéens
Veloutés de toutes les nuances du velours
Ou mauves encore ou bleu-horizon comme les autres
Ou déteints
Venez le pot en tête
Debout fusée éclairante
Danse grenadier en agitant tes pommes de pin
Alidades des triangles de visée pointez-vous sur les lueurs
Creusez des trous enfants de 20 ans creusez des trous
        Sculptez les profondeurs
Envolez-vous essaims des avions blonds ainsi que les avettes
Moi l'horizon je fais le roue comme un grand Paon
Écoutez renaître les oracles qui avaient cessé
        Le grand Pan est ressuscité
Champagne viril qui émoustille la Champagne
Hommes faits jeunes gens
Caméléon des autos-canons
Et vous classe 16
Craquements des arrivées ou bien floraison blanche dans les cieux
J'étais content pourtant ça brûlait la paupière
Les officiers captifs voulaient cacher leurs noms

A bomb mews
I'm going to kill you
Hey there yellow-braided infantry rouse yourselves
Big gunners redheaded as moles
Royal blue like the Mediterranean
Velvety with all the hues of velvet
Or mauve maybe or sky-blue like the others
Or faded
Get your helmets on
Light the flares
Dance grenadier shake your pinecones
Alidades triangulate and aim at the gunfire
Dig boys dig down boys
    Carve us a Plato's cave
Fly fly my blond airplanes swarm like bees
And I horizon I spread my peacock's tail
Listen and hear the birth-cry of oracles
    Great Pan stirs
Virile champagne that rouses Champagne
Full-grown men and youngsters
Chameleon of motor-cannons
And you the Class of 1916
The crash of incoming shells or white blossomings in the sky
I was happy though these things burned through my eyelids
Captive officers tried to hide their names

OEil du Breton blessé couché sur la civière
Et qui criait aux morts aux sapins aux canons
Priez pour moi Bon Dieu je suis le pauvre Pierre

*

Boyaux et rumeur du canon
Sur cette mer aux blanches vagues
Fou stoïque comme Zénon
Pilote du cœur tu zigzagues

*

Petites forêts de sapins
La nichée attend la becquée
Pointe-t-il des nez de lapins
Comme l'euphorbe verruquée

*

Ainsi que l'euphorbe d'ici
Le soleil à peine boutonne
Je l'adore comme un Parsi
Ce tout petit soleil d'automne

*

Un fantassin presque un enfant
Bleu comme le jour qui s'écoule
Beau comme mon cœur triomphant
Disait en mettant sa cagoule

*

Tandis que nous n'y sommes pas
Que de filles deviennent belles

The look of the wounded Breton lying on the stretcher
Crying out to the dead to the cannons and pines
Pray for me Dear God I'm poor little Peter

*

Rumble of guts and cannon
Over white sea spume
Wildly stoical like Zeno
Heart's helmsman you zigzag

*

In little forests of pines
Nestlings await their mothers' mouths
Do the rabbits' noses sprout
Like warty spurge

*

Like the spurge hereabouts
The sun scarcely buds
But like a Parsee I worship
This puny autumn sun

*

A baby-faced infantryman
As blue as the lapsing day
As beautiful as my triumphant heart
Said from under his gas mask

*

Since we've been gone
So many girls have blossomed

Voici l'hiver et pas à pas
Leur beauté s'éloignera d'elles

*

O Lueurs soudaines des tirs
Cette beauté que j'imagine
Faute d'avoir des souvenirs
Tire de vous son origine

*

Car elle n'est rien que l'ardeur
De la bataille violente
Et de la terrible lueur
Il s'est fait une muse ardente

*

Il regarde longtemps l'horizon
Couteaux tonneaux d'eaux
Des lanternes allumées se sont croisées
Moi l'horizon je combattrai pour la victoire

*

Je suis l'invisible qui ne peut disparaître
Je suis comme l'onde
Allons ouvrez les écluses que je me précipite et renverse tout

Now it's winter and bit by bit
Their beauty fades away

*

O sudden fires of the guns
Since I have no memories
The beauty I can imagine
Must begin with you

*

Because it's only the passion
Of cruel warfare
And from those awful fires
He fashioned a burning muse

*

He watched the horizon for a long time
Knives barrels of water
Lanterns criss-cross
And I the horizon fight on to victory

*

I am the invisible I cannot disappear
I am like a wave
Hurry now open the floodgates so I can drown everything

Toujours

A Madame Faure-Favier

Toujours
Nous irons plus loin sans avancer jamais

*

Et de planète en planète
De nébuleuse en nébuleuse
Le don Juan des mille et trois comètes
Même sans bouger de la terre
Cherche les forces neuves
Et prend au sérieux les fantômes

*

Et tant d'univers s'oublient
Quels sont les grands oublieurs
Qui donc saura nous faire oublier telle ou telle partie du monde
Où est le Christophe Colomb à qui l'on devra l'oubli d'un continent

*

Perdre
Mais perdre vraiment
Pour laisser place à la trouvaille
Perdre
La vie pour trouver la Victoire

Always

For Madame Faure-Favier

Always
We'll go even further never advancing

*

From planet to planet
Nebula to nebula
Never leaving the ground
The Don Juan of 1003 comets
Seeks new forces
Takes spooks seriously

*

So many universes forgotten
Yet where are the truly great forgetters
And whoever will teach us to forget this or that corner of the world
And where is the Christopher Columbus to forget entire continents

*

To lose
Really to lose
To make room for the windfall
To lose
Life to Victory

Les Soupirs du Servant de Dakar

C'est dans la cagnat en rondins voilés d'osier
Auprès des canons gris tournés vers le nord
    Que je songe au village africain
Où l'on dansait où l'on chantait où l'on faisait l'amour
      Et de longs discours
Nobles et joyeux

*

    Je revois mon père qui se battit
Contre les Achantis
Au service des Anglais
  Je revois ma sœur au rire en folie
  Aux seins durs comme des obus
    Et je revois
Ma mère la sorcière qui seule du village
  Méprisait le sel
  Piler le millet dans un mortier
Je me souviens du si délicat si inquiétant
Fétiche dans l'arbre
Et du double fétiche de la fécondité
Plus tard une tête coupée
Au bord d'un marécage
O pâleur de mon ennemi
C'était une tête d'argent

Sighs of the Dakar Gunner

In the log dugout camouflaged by reeds
Alongside colorless north-facing artillery
    I dream the African village
Where we danced where we sang where we made love
        And made long
Noble joyful speeches

*

    I see my father again who fought
  The Ashantis
  In the English service
   I see my sister again with her mad laugh
   Her breasts hard as bombshells
      And I see
My mother again the sorceress who alone of all the villagers
    Refused salt
   Pounding millet in a mortar
I remember something so delicate so disturbing
A fetish in a tree
And the double fetish of fecundity
Eventually a severed head
Beside a marshland
O pallor of my enemy
It was a silver head

Et dans le marais
C'était la lune qui luisait
C'était donc une tête d'argent
Là-haut c'était la lune qui dansait
C'était donc une tête d'argent
Et moi dans l'antre j'étais invisible
C'était donc une tête de nègre dans la nuit profonde
Similitudes Pâleurs
Et ma sœur
Suivit plus tard un tirailleur
Mort à Arras

*

Si je voulais savoir mon âge
Il faudrait le demander à l'évêque
Si doux si doux avec ma mère
De beurre de beurre avec ma sœur
C'était dans une petite cabane
Moins sauvage que notre cagnat de canonniers-servants
J'ai connu l'affût au bord des marécages
Où la girafe boit les jambes écartées
J'ai connu l'horreur de l'ennemi qui dévaste
Le Village
Viole les femmes
Emmène les filles
Et les garçons dont la croupe dure sursaute
J'ai porté l'administrateur des semaines

And in the marshes
It was the moon shining
It was still a silver head
Overhead the moon danced
It was still a silver head
I was invisible in the grotto
It was still a Negro head in the deep night
Resemblances Pallors
And my sister
Went off later with a rifleman
Killed at Arras

*

To know how old I am
I'd have to ask the bishop
So tender so tender with my mother
Like butter like butter with my sister
It was in a hut
Less savage than this dugout
I've known the hunters' ambush in the marshland
Where the giraffe drinks with her legs spread wide
I've known the horror of an enemy who lays waste
The village
Rapes the women
Steals the girls
And steals the boys whose hard bottoms twitch
I've carried the administrator for weeks at a time

De village en village
En chantonnant
Et je fus domestique à Paris
Je ne sais pas mon âge
Mais au recrutement
On m'a donné vingt ans
Je suis soldat français on m'a blanchi du coup
Secteur 59 je ne peux pas dire où
Pourquoi donc être blanc est-ce mieux qu'être noir
Pourquoi ne pas danser et discourir
Manger et puis dormir
Et nous tirons sur les ravitaillements boches
Ou sur les fils de fer devant les bobosses
Sous la tempête métallique
Je me souviens d'un lac affreux
Et de couples enchaînés par un atroce amour
Une nuit folle
Une nuit de sorcellerie
Comme cette nuit-ci
Où tant d'affreux regards
Éclatent dans le ciel splendide

Village to village
Singing
And I was a servant in Paris
I don't know how old I am
But at the draft board
They said twenty
I'm a soldier of France and so they bleached me white
Sector 59 in God knows where
Why is whiteness better than blackness
Why not dance and make speeches
Eat and then sleep afterwards
And we shoot at the German supply lines
Or at the barbed wire in front of the dogfaces
Under the metal storm
I remember a horrid lake
And couples chained by atrocious love
A wild night
A night of sorcery
Like tonight
Where many horrid eyes
Burst in the gorgeous sky

Il y a

Il y a un vaisseau qui a emporté ma bien-aimée

Il y a dans le ciel six saucisses et la nuit venant on dirait des asticots dont
    naîtraient les étoiles

Il y a un sous-marin ennemi qui en voulait à mon amour

Il y a mille petits sapins brisés par les éclats d'obus autour de moi

Il y a un fantassin qui passe aveuglé par les gaz asphyxiants

Il y a que nous avons tout haché dans les boyaux de Nietzsche de Gœthe
    et de Cologne

Il y a que je languis après une lettre qui tarde

Il y a dans mon porte-cartes plusieurs photos de mon amour

Il y a les prisonniers qui passent la mine inquiète

Il y a une batterie dont les servants s'agitent autour des pièces

Il y a le vaguemestre qui arrive au trot par le chemin de l'Arbre isolé

Il y a dit-on un espion qui rôde par ici invisible comme l'horizon dont il
    s'est indignement revêtu et avec quoi il se confond

Il y a dressé comme un lys le buste de mon amour

Il y a un capitaine qui attend avec anxiété les communications de la T. S. F.
    Sur l'Atlantique

Il y a à minuit des soldats qui scient des planches pour les cercueils

Il y a des femmes qui demandent du maïs à grands cris devant un Christ
    sanglant à Mexico

Il y a le Gulf Stream qui est si tiède et si bienfaisant

Il y a un cimetière plein de croix à 5 kilomètres

Il y a des croix partout de-ci-de-là

Il y a des figues de Barbarie sur ces cactus en Algérie

Il y a les longues mains souples de mon amour

Il y a un encrier que j'avais fait dans une fusée de 15 centimètres et qu'on
    n'a pas laissé partir

Il y a ma selle exposée à la pluie

There's

There's a boat sailed off with my beloved
There are six wieners in the sky and night's coming they say maggots hatch
    open into stars
There's an enemy submarine plans to steal my girl
There's a thousand little pine trees bombed to hell here
There's a gas-blinded infantryman walking by
There's everything we've hacked to bits in the trenches of Nietzsche of
    Goethe of Cologne
There's me moaning over a letter that has not come
There's a wallet-sized picture of a girl in my wallet
There are frightened prisoners walking by
There's a gun-battery whose crew is fussing with the guns
There's a postman trotting up along the trail of the lonesome pine
There's an alleged spy skulking nearby invisibly disgracing the horizon of
    his disguise
There's a bust of my love erect as a lily
There's a captain anxiously awaiting word from the transatlantic cable
There are midnight soldiers sawing wood for coffins
There are women shouting begging for corn from a bleeding Jesus in
    Mexico
There's the Gulf Stream so tepid and tender
There's a cemetery filled with crosses five miles away
There are crosses everywhere on both sides
There are Barbary figs on Algerian cacti
There are the long tapering fingers of my girl
There's an inkwell I made from an unexploded shell
There's my saddle caught in the rain

Il y a les fleuves qui ne remontent pas leurs cours
Il y a l'amour qui m'entraîne avec douceur
Il y avait un prisonnier boche qui portait sa mitrailleuse sur son dos
Il y a des hommes dans le monde qui n'ont jamais été à la guerre
Il y a des Hindous qui regardent avec étonnement les campagnes occidentales
Ils pensent avec mélancolie à ceux dont ils se demandent s'ils les reverront
Car on a poussé très loin durant cette guerre l'art de l'invisibilité

There are rivers that can't climb into bed
There's love enticing me with softness
There was a German prisoner carrying his machine gun on his back
There are men in the world who have never gone to war
There are Hindus astonished by the Western campaigns
In their sad minds they see friends never to be seen again
Because we've made this war the world's great masterpiece of invisibility

Ombre

Vous voilà de nouveau près de moi
Souvenirs de mes compagnons morts à la guerre
L'olive du temps
Souvenirs qui n'en faites plus qu'un
Comme cent fourrures ne font qu'un manteau
Comme ces milliers de blessures ne font qu'un article de journal
Apparence impalpable et sombre qui avez pris
La forme changeante de mon ombre
Un Indien à l'affût pendant l'éternité
Ombre vous rampez près de moi
Mais vous ne m'entendez plus
Vous ne connaîtrez plus les poèmes divins que je chante
Tandis que moi je vous entends je vous vois encore
Destinées
Ombre multiple que le soleil vous garde
Vous qui m'aimez assez pour ne jamais me quitter
Et qui dansez au soleil sans faire de poussière
Ombre encre du soleil
Écriture de ma lumière
Caisson de regrets
Un dieu qui s'humilie

Shadow

Newly you are near again
Reminders of my comrades killed in the war
Olive of time
Memories altogether one memory
As one hundred skins make a single coat
As thousands of wounds make a solitary headline
Impalpable somber apparition assuming
The changeable form of my shadow
An Indian on guard throughout eternity
Shadow you crawl near me
But you no longer hear me
You can no longer know the divine poems I sing
But I hear you I still see you
Destinies
Polyshadow may the good sun guard you
You who love me so much you will never leave me
You dance in the sun but raise no dust
Shadow sun's ink
Light scripture
Gun-carriage of regrets
A god prostrate

La Victoire

Un coq chante je rêve et les feuillards agitent
Leurs feuilles qui ressemblent à de pauvres marins

*

Ailés et tournoyants comme Icare le faux
Des aveugles gesticulant comme des fourmis
Se miraient sous la pluie aux reflets du trottoir

*

Leurs rires amassés en grappes de raisin

*

Ne sors plus de chez mois diamant qui parlais
Dors doucement tu es chez toi tout t'appartient
Mon lit ma lampe et mon casque troué

*

Regards précieux saphirs taillés aux environs de Saint-Claude
    Les jours étaient une pure émeraude

*

Je me souviens de toi ville des météores
Ils fleurissaient en l'air pendant ces nuits où rien ne dort
Jardins de la lumière où j'ai cueilli des bouquets

*

Tu dois en avoir assez de faire peur à ce ciel
    Qu'il garde son hoquet

*

Victory

I dream a cock crows and the branches shake
Their leaves resembling pitiful seamen

*

Blind people gesticulating like insects
With wings and whirling like faithless Icarus
Admired themselves in puddles of rainwater

*

Their laughter clotted into grape clusters

*

Whispering diamond never leave me again
Sleep softly here at home where everything is yours
My bed my lamp and my broken helmet

*

Priceless glance of the sapphires cut at Saint-Claude
    Those days were a perfect emerald

*

City of meteors I have not forgotten you
My florid insomnias
Gardens of light where I plucked fires

*

If you are tired of frightening the sky
    Let it keep its hiccups

*

On imagine difficilement
A quel point le succès rend les gens stupides et tranquilles

*

A l'institut des jeunes aveugles on a demandé
N'avez-vous point de jeune aveugle ailé

*

O bouches l'homme est à la recherche d'un nouveau langage
Auquel le grammairien d'aucune langue n'aura rien à dire

*

Et ces vieilles langues sont tellement près de mourir
Que c'est vraiment par habitude et manque d'audace
Qu'on les fait encore servir à la poésie

*

Mais elles sont comme des malades sans volonté
Ma foi les gens s'habitueraient vite au mutisme
La mimique suffit bien au cinéma

*

Main entêtons-nous à parler
Remuons la langue
Lançons des postillons
On veut de nouveaux sons de nouveaux sons de nouveaux sons
On veut des consonnes sans voyelles
Des consonnes qui pètent sourdement
Imitez le son de la toupie
Laissez pétiller un son nasal et continu
Faites claquer votre langue

Hard to imagine
How stupid and smug success can make a man

*

At the blind boys' asylum someone asked
Where do you keep the kid with the wings

*

O mouths humanity seeks a new language
Beyond the reach of grammarians

*

The old words are dying
Only habit or cowardice
Puts them into poems

*

They are invalids
Christ we may as well sink into pantomime
It works well after all in the movies

*

No let's keep talking
Let's waggle our tongues
Let's send out postilions
I want new sounds and newer and new sounds
I want only consonants no vowels
Consonants that fart insensibly
Mimicking a small boy's spinning top
Sparkling nose-farts
Clack your tongue

Servez-vous du bruit sourd de celui qui mange sans civilité
Le raclement aspiré du crachement ferait aussi une belle consonne

*

Les divers pets labiaux rendraient aussi vos discours claironnants
Habituez-vous à roter à volonté
Et quelle lettre grave comme un son de cloche
    A travers nos mémoires
Nous n'aimons pas assez la joie
De voir les belles choses neuves
O mon amie hâte-toi

*

Crains qu'un jour un train ne t'émeuve
    Plus
Regarde-le plus vite pour toi
Ces chemins de fer qui circulent
Sortiront bientôt de la vie
Ils seront beaux et ridicules

*

Deux lampes brûlent devant moi
Comme deux femmes qui rient
Je courbe tristement la tête
Devant l'ardente moquerie
Ce rire se répand
Partout
Parlez avec les mains faites claquer vos doigts
Tapez-vous sur la joue comme sur un tambour

Make the sounds of chewing with your mouth open
Hawking phlegm would also make a beautiful consonant

*

An assortment of labial farts could brighten the discourse
Belch often and at will
And what letter is it engraves the sound of a bell
        Across our memorials
We have never loved the joy of seeing
New things with adequate intensity
O my sweetheart hurry

*

Dreading the day when a steam engine no longer
        Thrills you
For your own sake look at it faster
The sanguine choo-choos
Will soon be gone
Only to become absurd and beautiful

*

Two lamps burn in front of me
Like two women laughing
I bow my head down sadly
In the face of such mockery
Their laughter pours
Over everything
Talk with your hands snap your fingers
Drum out a tattoo on your cheekbones

O paroles
Elles suivent dans la myrtaie
L'Éros et l'Antéros en larmes
Je suis le ciel de la cité

*

Écoutez la mer

*

La mer gémir au loin et crier toute seule
Ma voix fidèle comme l'ombre
Veut être enfin l'ombre de la vie
Veut être ô mer vivante infidèle comme toi

*

La mer qui a trahi des matelots sans nombre
Engloutit mes grands cris comme des dieux noyés
Et la mer au soleil ne supporte que l'ombre
Que jettent des oiseaux les ailes éployées

*

La parole est soudaine et c'est un Dieu qui tremble
Avance et soutiens-moi je regrette les mains
De ceux qui les tendaient et m'adoraient ensemble
Quelle oasis de bras m'accueillera demain
Connais-tu cette joie de voir des choses neuves

*

O voix je parle le langage de la mer
Et dans le port la nuit les dernières tavernes
Moi qui suis plus têtu que non l'hydre de Lerne

*

O words
Pursuing Eros and Anteros weeping
Into the myrtle garden
I am this city's sky

*

Listen to the sea

*

The sea groans far away and crying all alone
Faithful as a shadow my voice
Wants only to be o living sea
A shadow faithless as you

*

The sea that has betrayed innumerable seamen
Washes over my words like a drowned god
And the sea in the sun floats nothing but shadows
Thrown by birds on outspread wings

*

The word is sudden it is a God quaking
Come closer and sustain me I so deeply
Regret the outstretched hands of those who adored me
What oasis of arms will greet me tomorrow
Do you understand the joy of seeing new things

*

O voices I talk the talk of the sea
In port I speak the dark night and last taverns
I who am more stubborn than the Hydra of Lerna

*

La rue où nagent mes deux mains
Aux doigts subtils fouillant la ville
S'en va mais qui sait si demain
La rue devenait immobile
Qui sait où serait mon chemin

*

Songe que les chemins de fer
Seront démodés et abandonnés dans peu de temps
Regarde

*

La Victoire avant tout sera
De bien voir au loin
De tout voir
De près
Et que tout ait un nom nouveau

The street where my two hands swim
Searching the town with subtle fingers
Runs on but who knows if tomorrow
The street dropped dead who can say
Where I may go

*

What if the railroads
Go out of style tomorrow we'll abandon them
Look

*

Victory above all else will be
A vision of distances
And a vision
Very near
And everything comes bearing a new name

La Jolie Rousse

Me voici devant tous un homme plein de sens
Connaissant la vie et de la mort ce qu'un vivant peut connaître
Ayant éprouvé les douleurs et les joies de l'amour
Ayant su quelquefois imposer ses idées
Connaissant plusieurs langages
Ayant pas mal voyagé
Ayant vu la guerre dans l'Artillerie et l'Infanterie
Blessé à la tête trépané sous le chloroforme
Ayant perdu ses meilleurs amis dans l'effroyable lutte
Je sais d'ancien et de nouveau autant qu'un homme seul pourrait des deux
    savoir
Et sans m'inquiéter aujourd'hui de cette guerre
Entre nous et pour nous mes amis
Je juge cette longue querelle de la tradition et de l'invention
    De l'Ordre et de l'Aventure

*

Vous dont la bouche est faite à l'image de celle de Dieu
Bouche qui est l'ordre même
Soyez indulgents quand vous nous comparez
A ceux qui furent la perfection de l'ordre
Nous qui quêtons partout l'aventure

*

Nous ne sommes pas vos ennemis
Nous voulons vous donner de vastes et d'étranges domaines

The Pretty Redhead

You see before you a man in his right mind
Worldly-wise and with access to death
Having tested the sorrow of love and its ecstasies
Having sometimes even astonished the professors
Good with languages
Having traveled a great deal
Having seen battle in the Artillery and the Infantry
Wounded in the head trepanned under chloroform
Having lost my best friends in the butchery
As much of antiquity and modernity as can be known I know
And today without a single thought of the war
Just between us my friends and on our own behalf
I am here to settle the long quarrel between tradition and invention
     Between Order and Adventure

*

You whose mouth was made in the Divine Image
Mouth that is the quintessence of order
Be easy when you compare us
The Quixotes of everywhere
To perfected men and darlings of order

*

We're not your enemies
We want to give you vast and strange domains

Où le mystère en fleurs s'offre à qui veut le cueillir
Il y a là des feux nouveaux des couleurs jamais vues
Mille phantasmes impondérables
Auxquels il faut donner de la réalité
Nous voulons explorer la bonté contrée énorme où tout se tait
Il y a aussi le temps qu'on peut chasser ou faire revenir
Pitié pour nous qui combattons toujours aux frontières
De l'illimité et de l'avenir
Pitié pour nos erreurs pitié pour nos péchés

*

Voici que vient l'été la saison violente
Et ma jeunesse est morte ainsi que le printemps
O Soleil c'est le temps de la Raison ardente
            Et j'attends
Pour la suivre toujours la forme noble et douce
Qu'elle prend afin que je l'aime seulement
Elle vient et m'attire ainsi qu'un fer l'aimant
        Elle a l'aspect charmant
        D'une adorable rousse

*

Ses cheveux sont d'or on dirait
Un bel éclair qui durerait
Ou ces flammes qui se pavanent
Dans les roses-thé qui se fanent

*

Places where floriferous mysteries are free for the taking
And new fires free and unimaginable colors free
Numberless phantasms
Waiting to be real
We mean to explore kindness and its enormous silences
Time is also something to be banished and recalled
Take pity on us in our constant skirmishing
The border wars of infinity and futurity
Pity our errors pity our sins

                              *

And now comes the summer of violence
And my youth is as dead as the springtime
O Sun it is the time of fiery Reason
                    I'm waiting
Eternally to follow a noble gentle shape
The shape she assumes so I will love her only
She comes and she draws me like a magnet
        She bewitches me
        She has adorable red hair

                              *

Her hair is golden they say
Like an hour of lightning
Or like the strut of fires
In small dying roses

                              *

Mais riez riez de moi
Hommes de partout surtout gens d'ici
Car il y a tant de choses que je n'ose vous dire
Tant de choses que vous ne me laisseriez pas dire
Ayez pitié de moi

Go ahead and laugh
Men from all over and especially here
There are so many things I dare not tell you
So many things you'd never let me say
Pity me then

TRANSLATOR'S AFTERWORD

In 1913, having finished *Alcools,* having touched the scars of the nineteenth-century as though they were harp strings, Guillaume Apollinaire was *the* poet of international modernism. Europe seemed older than ever, and culture was a ragbag of displaced fetishes ("All the gods on earth are decrepit," from "Tree"), forces without form or outlet. Having, in the last line of his magnificent "Zone," cut the throat of the sun, Apollinaire awaited the inevitable catastrophe. Over the next five years, his last, he would explore the horizons of this catastrophe in wild poems collected posthumously as *Calligrammes.* Indeed, the word "horizon" itself would become his flamboyant signature, appearing in almost every important work and serving there as muse and metonym: the bleeding sun; the war's blood-letting; a theater of star-shells; a halo of red hair.

In the months before the war, Apollinaire rehearsed his catastrophes. He envisioned aerial combats in the Paris sky. He conjured ghost ships and thanatopic processions. He found monsters in broken flesh and broken poetic forms. His speech was a grenade. He tossed his word into a street-circus on the Boulevard Saint-Germain. When the smoke cleared, a new kind of creature appeared, an acrobat of apocalypse: "A tiny soul without the least humanity" ("Cloud Phantom").

And then the war began in fact. He drove to it with his friend André Rouveyre in a car, gaily suffering the tragic enthusiasm of a generation who felt (so briefly) as Rupert Brooke felt, "like swimmers into cleanness leaping." But Apollinaire was inclined to things larger and lovelier than tragedy. In the life of the war, in his artilleryman's astonishing routine, he learned that universal catastrophe is no reprieve from personal catastrophe or abolie. He saw and sang that the universal is always and only personal. Genius is personal. Defeat and victory are personal. And his war poems discovered and then loved the wounded person of the world, attending its death throes, anticipating its rebirth, articulating the first syllables of its exquisitely new language.

> The old words are dying
> Only habit or cowardice
> Puts them into poems

*

> They are invalids
> Christ we may as well sink into pantomime
> It works well after all in the movies

*

> No let's keep talking
> Let's waggle our tongues
> Let's send out postilions
> I want new sounds and newer and new sounds
> I want only consonants no vowels
> Consonants that fart insensibly
>   Mimicking a small boy's spinning top
> Sparkling nose farts
> Clack your tongue
> Make the sounds of chewing with your mouth open
> Hawking phlegm would also make a beautiful consonant

*

> An assortment of labial farts could brighten the discourse
> Belch often and at will
> And what letter is it engraves the sound of a bell
>   Across our memorials
> We have never loved the joy of seeing
> New things with adequate intensity
> O my sweetheart hurry
>   (from "Victory")

If in these lines we hear a forecast of Kerouac's and Ginsberg's onomatopoeic ecstasies, if in this darling newness we get a sense of the L=A=N=G=U=A=G=E poetries' syntactical urgency, if in this goofy intensity we preview the cartoon mayhems of Ashbery and Berrigan, Brainard and Koch, then perhaps we begin to know how very, very wide were Apollinaire's final horizons.

And the poet ended his war in the most perfect and personal way. He fell in love with a pretty redhead, Jacqueline Kolb, and they were married in May 1918. Six months later, on the day of the Armistice, Guillaume Apollinaire died of influenza, taking, in his delirium, a shout in the streets personally and to heart. The Paris crowds, delighting in the downfall of Kaiser Wilhelm, shouted "*À bas Guillaume! À bas Guillaume!*" So was Apollinaire hounded out of an old, old world at last.

From *Calligrammes,* I have simply chosen to translate my favorite pieces. Of the concrete or visual poems, only one, "La Petite Auto," seemed really essential to the timeline and tenor of my poet's Great War. The others, vivid and witty as they are, remain pictorial works, dispatches to the eye. Translation would only delay and garble them. In the twenty-three pieces collected here, I found the fullest and most beautiful horizons of Apollinaire's combat, contoured to sweet reason and to new, new music. Any flaws in my versions, any foolish lacunae in my selection, cannot diminish the first and monumental fact of the originals. If, as he proclaimed, Guillaume Apollinaire was a "self-dismembered man," he remains forever self-remade in the heartlines of these final, finest of his poems.

Las Vegas–Toulouse–Iowa City, 2001   Donald Revell

ABOUT THE AUTHORS

Champion of "cubism," Guillaume Apollinaire (1880–1918) fashions in verse the sonic equivalent of what Picasso accomplishes in his cubist works: simultaneity. Apollinaire has been so influential that without him there would have been no New York School of poetry and no Beat Movement.

Donald Revell is Full Professor of English and Creative Writing at the University of Utah, Salt Lake City. His honors include the PEN Center USA West Award, the Gertrude Stein Award, the Shestack Prize, and fellowships from the National Endowment for the Arts and from the Ingram Merrill and Guggenheim Foundations. He has authored seven collections of poetry, the most recent of which is *Arcady,* published by Wesleyan University Press in February 2002.

Revell was born in the Bronx in 1954. He earned his B.A. from Harpur College (1975), and his M.A. from the State University of New York at Binghamton (1977). He received his Ph.D. in English from the University of Buffalo in 1980, and since that time has taught at the University of Tennessee, Ripon College, Denver University, the University of Iowa Writers' Workshop, and the University of Utah. He and his wife, poet Claudia Keelan, live in Las Vegas with their son, Benjamin Brecht.